MW01223640

1 January

20

20

20

20

20

2 January

20

20

20

20

20

3 January

20

20

20

20

20

4 January

20

20

20

20

20

5 January

20

20

20

20

20

6 January

20

20

20

20

20

7 January

20

20

20

20

20

8 January

20

20

20

20

20

9 January

20

20

20

20

20

10 January

20

20

20

20

20

11 January

20

20

20

20

20

12 January

20

20

20

20

20

13 January

20

20

20

20

20

14 January

20

20

20

20

20

15 January

20

20

20

20

20

16 January

20

20

20

20

20

17 January

20

20

20

20

20

18 January

20	
20	
20	
20	
20	

19 January

20

20

20

20

20

20 January

20

20

20

20

20

21 January

20

20

20

20

20

22 January

20

20

20

20

20

23 January

20

20

20

20

20

24 January

20

20

20

20

20

25 January

20

20

20

20

20

26 January

20

20

20

20

20

27 January

20

20

20

20

20

28 January

20

20

20

20

20

29 January

20

20

20

20

20

30 January

20

20

20

20

20

31 January

20

20

20

20

20

1 February

20

20

20

20

20

2 February

20	

20	

20	

20	

20	

3 February

20

20

20

20

20

4 February

20

20

20

20

20

5 February

20

20

20

20

20

6 February

20	
20	
20	
20	
20	

7 February

20

20

20

20

20

8 February

20

20

20

20

20

9 February

20

20

20

20

20

10 February

20

20

20

20

20

11 February

20

20

20

20

20

12 February

20

20

20

20

20

13 February

20

20

20

20

20

14 February

20

20

20

20

20

15 February

20

20

20

20

20

16 February

20

20

20

20

20

17 February

20

20

20

20

20

18 February

20

20

20

20

20

19 February

20

20

20

20

20

20 February

20

20

20

20

20

21 February

20

20

20

20

20

22 February

20

20

20

20

20

23 February

20

20

20

20

20

24 February

20

20

20

20

20

25 February

20

20

20

20

20

26 February

20

20

20

20

20

27 February

20

20

20

20

20

28 February

20

20

20

20

20

29 February

20

20

20

20

20

1 March

20

20

20

20

20

2 March

20

20

20

20

20

3 March

20

20

20

20

20

4 March

20

20

20

20

20

5 March

20

20

20

20

20

6 March

20

20

20

20

20

7 March

20

20

20

20

20

8 March

20

20

20

20

20

9 March

20

20

20

20

20

10 March

20

20

20

20

20

11 March

20

20

20

20

20

12 March

20

20

20

20

20

13 March

20

20

20

20

20

14 March

20

20

20

20

20

15 March

20

20

20

20

20

16 March

20

20

20

20

20

17 March

20

20

20

20

20

18 March

20

20

20

20

20

19 March

20

20

20

20

20

20 March

20

20

20

20

20

21 March

20

20

20

20

20

22 March

20

20

20

20

20

23 March

20

20

20

20

20

24 March

20

20

20

20

20

25 March

20

20

20

20

20

26 March

20

20

20

20

20

27 March

20

20

20

20

20

28 March

20

20

20

20

20

29 March

20

20

20

20

20

30 March

20

20

20

20

20

31 March

20

20

20

20

20

1 April

20

20

20

20

20

2 April

20

20

20

20

20

3 April

20

20

20

20

20

4 April

20	

20	

20	

20	

20	

5 April

20

20

20

20

20

6 April

20

20

20

20

20

7 April

20

20

20

20

20

8 April

20

20

20

20

20

9 April

20

20

20

20

20

10 April

20

20

20

20

20

11 April

20

20

20

20

20

12 April

20

20

20

20

20

13 April

20

20

20

20

20

14 April

20

20

20

20

20

15 April

20

20

20

20

20

16 April

20

20

20

20

20

17 April

20

20

20

20

20

18 April

20

20

20

20

20

19 April

20

20

20

20

20

20 April

20

20

20

20

20

21 April

20

20

20

20

20

22 April

20

20

20

20

20

23 April

20

20

20

20

20

24 April

20

20

20

20

20

25 April

20

20

20

20

20

26 April

20

20

20

20

20

27 April

20

20

20

20

20

28 April

20

20

20

20

20

29 April

20

20

20

20

20

30 April

20

20

20

20

20

1 May

20

20

20

20

20

2 May

20

20

20

20

20

3 May

20

20

20

20

20

4 May

20

20

20

20

20

5 May

20

20

20

20

20

6 May

20

20

20

20

20

7 May

20

20

20

20

20

8 May

20

20

20

20

20

9 May

20

20

20

20

20

10 May

20

20

20

20

20

11 May

20

20

20

20

20

12 May

20

20

20

20

20

13 May

20

20

20

20

20

14 May

20

20

20

20

20

15 May

20

20

20

20

20

16 May

20	
20	
20	
20	
20	

17 May

20	

20	

20	

20	

20	

18 May

20

20

20

20

20

19 May

20

20

20

20

20

20 May

20

20

20

20

20

21 May

20

20

20

20

20

22 May

20

20

20

20

20

23 May

20

20

20

20

20

24 May

20

20

20

20

20

25 May

20

20

20

20

20

26 May

20

20

20

20

20

27 May

20

20

20

20

20

28 May

20

20

20

20

20

29 May

20

20

20

20

20

30 May

20

20

20

20

20

31 May

20

20

20

20

20

1 June

20

20

20

20

20

2 June

20

20

20

20

20

3 June

20

20

20

20

20

4 June

20

20

20

20

20

5 June

20

20

20

20

20

6 June

20

20

20

20

20

7 June

20

20

20

20

20

8 June

20

20

20

20

20

9 June

20

20

20

20

20

10 June

20

20

20

20

20

11 June

20

20

20

20

20

12 June

20

20

20

20

20

13 June

20

20

20

20

20

14 June

20

20

20

20

20

15 June

20

20

20

20

20

16 June

20

20

20

20

20

17 June

20

20

20

20

20

18 June

20

20

20

20

20

19 June

20

20

20

20

20

20 June

20

20

20

20

20

21 June

20

20

20

20

20

22 June

20

20

20

20

20

23 June

20

20

20

20

20

24 June

20

20

20

20

20

25 June

20

20

20

20

20

26 June

20

20

20

20

20

27 June

20

20

20

20

20

28 June

20

20

20

20

20

29 June

20

20

20

20

20

30 June

20

20

20

20

20

1 July

20

20

20

20

20

2 July

20

20

20

20

20

3 July

20

20

20

20

20

4 July

20

20

20

20

20

5 July

20

20

20

20

20

6 July

20

20

20

20

20

7 July

20

20

20

20

20

8 July

20

20

20

20

20

9 July

20

20

20

20

20

10 July

20

20

20

20

20

11 July

20

20

20

20

20

12 July

20

20

20

20

20

13 July

20

20

20

20

20

14 July

20

20

20

20

20

15 July

20

20

20

20

20

16 July

20

20

20

20

20

17 July

20

20

20

20

20

18 July

20

20

20

20

20

19 July

20

20

20

20

20

20 July

20

20

20

20

20

21 July

20

20

20

20

20

22 July

20

20

20

20

20

23 July

20

20

20

20

20

24 July

20

20

20

20

20

25 July

20

20

20

20

20

26 July

20

20

20

20

20

27 July

20

20

20

20

20

28 July

20

20

20

20

20

29 July

20

20

20

20

20

30 July

20

20

20

20

20

31 July

20

20

20

20

20

1 August

20

20

20

20

20

2 August

20

20

20

20

20

3 August

20

20

20

20

20

4 August

20

20

20

20

20

5 August

20

20

20

20

20

6 August

20

20

20

20

20

7 August

20

20

20

20

20

8 August

20

20

20

20

20

9 August

20

20

20

20

20

10 August

20

20

20

20

20

11 August

20

20

20

20

20

12 August

20

20

20

20

20

13 August

20

20

20

20

20

14 August

20

20

20

20

20

15 August

20

20

20

20

20

16 August

20

20

20

20

20

17 August

20

20

20

20

20

18 August

20

20

20

20

20

19 August

20

20

20

20

20

20 August

20

20

20

20

20

21 August

20

20

20

20

20

22 August

20

20

20

20

20

23 August

20

20

20

20

20

24 August

20

20

20

20

20

25 August

20

20

20

20

20

26 August

20

20

20

20

20

27 August

20

20

20

20

20

28 August

20

20

20

20

20

29 August

20

20

20

20

20

30 August

20

20

20

20

20

31 August

20

20

20

20

20

1 September

20

20

20

20

20

2 September

20

20

20

20

20

3 September

20

20

20

20

20

4 September

20

20

20

20

20

5 September

20

20

20

20

20

6 September

20

20

20

20

20

7 September

20

20

20

20

20

8 September

20

20

20

20

20

9 September

20

20

20

20

20

10 September

20

20

20

20

20

11 September

20

20

20

20

20

12 September

20

20

20

20

20

13 September

20

20

20

20

20

14 September

20

20

20

20

20

15 September

20

20

20

20

20

16 September

20

20

20

20

20

17 September

20

20

20

20

20

18 September

20

20

20

20

20

19 September

20

20

20

20

20

20 September

20

20

20

20

20

21 September

20

20

20

20

20

22 September

20

20

20

20

20

23 September

20	

20	

20	

20	

20	

24 September

20

20

20

20

20

25 September

20

20

20

20

20

26 September

20

20

20

20

20

27 September

20

20

20

20

20

28 September

20

20

20

20

20

29 September

20

20

20

20

20

30 September

20

20

20

20

20

1 October

20

20

20

20

20

2 October

20

20

20

20

20

3 October

20

20

20

20

20

4 October

20

20

20

20

20

5 October

20

20

20

20

20

6 October

20

20

20

20

20

7 October

20

20

20

20

20

8 October

20

20

20

20

20

9 October

20

20

20

20

20

10 October

20

20

20

20

20

11 October

20

20

20

20

20

12 October

20

20

20

20

20

13 October

20

20

20

20

20

14 October

20

20

20

20

20

15 October

20

20

20

20

20

16 October

20

20

20

20

20

17 October

20

20

20

20

20

18 October

20

20

20

20

20

19 October

20

20

20

20

20

20 October

20

20

20

20

20

21 October

20

20

20

20

20

22 October

20

20

20

20

20

23 October

20

20

20

20

20

24 October

20

20

20

20

20

25 October

20

20

20

20

20

26 October

20

20

20

20

20

27 October

20

20

20

20

20

28 October

20

20

20

20

20

29 October

20

20

20

20

20

30 October

20

20

20

20

20

31 October

20

20

20

20

20

1 November

20

20

20

20

20

2 November

20

20

20

20

20

3 November

20

20

20

20

20

4 November

20

20

20

20

20

5 November

20

20

20

20

20

6 November

20

20

20

20

20

7 November

20

20

20

20

20

8 November

20

20

20

20

20

9 November

20

20

20

20

20

10 November

20

20

20

20

20

11 November

20

20

20

20

20

12 November

20

20

20

20

20

13 November

20

20

20

20

20

14 November

20

20

20

20

20

15 November

20

20

20

20

20

16 November

20

20

20

20

20

17 November

20

20

20

20

20

18 November

20

20

20

20

20

19 November

20

20

20

20

20

20 November

20

20

20

20

20

21 November

20

20

20

20

20

22 November

20

20

20

20

20

23 November

20

20

20

20

20

24 November

20

20

20

20

20

25 November

20

20

20

20

20

26 November

20

20

20

20

20

27 November

20

20

20

20

20

28 November

20

20

20

20

20

29 November

20

20

20

20

20

30 November

20

20

20

20

20

1 December

20

20

20

20

20

2 December

20

20

20

20

20

3 December

20

20

20

20

20

4 December

20

20

20

20

20

5 December

20

20

20

20

20

6 December

20

20

20

20

20

7 December

20

20

20

20

20

8 December

20

20

20

20

20

9 December

20

20

20

20

20

10 December

20

20

20

20

20

11 December

20

20

20

20

20

12 December

20

20

20

20

20

13 December

20

20

20

20

20

14 December

20

20

20

20

20

15 December

20

20

20

20

20

16 December

20

20

20

20

20

17 December

20

20

20

20

20

18 December

20

20

20

20

20

19 December

20

20

20

20

20

20 December

20

20

20

20

20

21 December

20

20

20

20

20

22 December

20

20

20

20

20

23 December

20

20

20

20

20

24 December

20

20

20

20

20

25 December

20

20

20

20

20

26 December

20

20

20

20

20

27 December

20

20

20

20

20

28 December

20

20

20

20

20

29 December

0

20

20

20

20

30 December

20

20

20

20

20

31 December

20

20

20

20

20